Paris
1902

Institut de France. Académie des sciences morales et politiques.

Notice sur la vie et les travaux de M. Bardoux

INSTITUT DE FRANCE

ACADÉMIE DES SCIENCES MORALES ET POLITIQUES

NOTICE

SUR LA VIE ET LES TRAVAUX

DE

M. BARDOUX

PAR

M. BOUTMY

MEMBRE DE L'ACADÉMIE

Lue dans les séances du 25 janvier et du 1er février 1902

PARIS

TYPOGRAPHIE DE FIRMIN-DIDOT ET Cie

IMPRIMEURS DE L'INSTITUT DE FRANCE, RUE JACOB, 56.

M D CCCC II

INSTITUT DE FRANCE.

ACADÉMIE DES SCIENCES MORALES ET POLITIQUES

NOTICE

SUR LA VIE ET LES TRAVAUX

DE

M. BARDOUX

PAR

M. BOUTMY

MEMBRE DE L'ACADÉMIE

Lue dans les séances du 25 janvier et du 1er février 1902

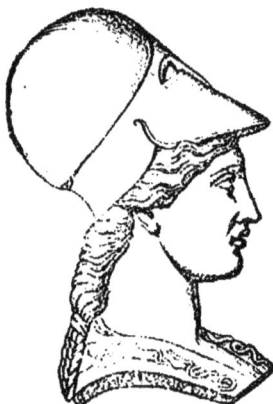

PARIS

TYPOGRAPHIE DE FIRMIN-DIDOT ET Cie

IMPRIMEURS DE L'INSTITUT DE FRANCE, RUE JACOB, 56

—

M D CCCC II

INSTITUT.
1902. — 2.

NOTICE

SUR LA VIE ET LES TRAVAUX

DE

M. BARDOUX

PAR

M. BOUTMY

MEMBRE DE L'ACADÉMIE

Lue dans les séances du 21 janvier et du 1er février 1902

MESSIEURS,

Une notice académique ne doit, à ce qu'il paraît, conte-
nir que des éloges. Toute critique, même la plus légère,
y serait déplacée. Il est quelquefois permis de laisser voir
un défaut, mais seulement quand on est sûr qu'on pourra
sans effort le tourner en qualité et le faire servir à la
louange du mort. Cette façon de concevoir les notices a
plus d'un effet fâcheux : le premier est que le public agacé
prend pour lui le rôle du critique et s'y complaît d'autant
plus que le panégyriste a été plus constant dans l'éloge.
Le second est que la notice, après avoir été couverte d'ap-
plaudissements dans cette enceinte, tombe rapidement

dans l'oubli : on ne la relit jamais. Qui aurait l'idée d'aller rechercher dans un morceau de ce genre l'impression vraie qu'on tient à garder de tout homme réellement supérieur? Il est trop clair qu'on n'y trouvera qu'un jugement rendu incomplet par des réticences ou faussé par la rhétorique admise en ces sortes de sujet. D'ailleurs ce genre littéraire est aujourd'hui suranné; il date d'une époque où tout ce qui avait une valeur esthétique se tenait aussi loin que possible de la réalité. C'était le temps de l'Oraison funèbre, du Poème épique, de la Tragédie, de la Pastorale, etc. Notre démocratie n'aime et ne goûte que la vérité toute simple : elle veut comprendre ce qu'on lui dit. Or, tout se tient dans l'homme : telle qualité chez un individu serait inexplicable sans une insuffisance correspondante. Les insuffisances sont donc aussi importantes à noter que les qualités dont elles donnent la clé. Pourquoi tairais-je, par exemple, que Bardoux, qui avait toutes les qualités de l'improvisateur et du journaliste, n'était point un écrivain de race? N'est-ce point dire sous une autre forme qu'il était avant tout un orateur, qu'il restait un orateur même en écrivant? L'Académie m'absoudra donc, j'en suis sûr, d'avoir usé dans cette étude de plus de liberté qu'elle n'est habituée à en rencontrer dans ce genre de travaux. Je trouve de plus une exhortation à parler sans réticence dans le noble caractère même de notre confrère et ami si loyal et si simple, si passionné pour la vérité du témoignage. Bardoux, tel que nous l'avons connu, ne perdra rien a être traité sans complaisance : il ne peut qu'y gagner.

La famille de Bardoux était originaire du département

de l'Allier. C'étaient moitié des paysans cultivateurs, laborieux et tenaces, moitié des gens de petite robe, acharnés tout le jour sur leurs dossiers. Bardoux avait subi l'influence de ce double atavisme. Un homme d'esprit qui avait connu et beaucoup aimé Bardoux disait plaisamment que les deux syllabes qui composent son nom répondaient merveilleusement à ses deux qualités maîtresses : *Bar* avec son A qui s'écrase sous la rude consonance de l'R, n'est-ce pas le bruit du marteau sur l'enclume, de la bêche qui rencontre un caillou dans le sillon ? N'est-ce pas aussi l'image du travail quotidien et opiniâtre, du labeur âpre et dur dont Bardoux n'a pas cessé de donner l'exemple jusque dans les années les plus fortunées de sa vie ? *Doux* avec sa sonorité sourde et tendre, n'est-ce pas l'image de cette bonté, de cette sympathie toujours prêtes à s'émouvoir, de cette suavité caressante de la forme, de ce je ne sais quoi de velouté dont Bardoux enveloppait ses plus simples témoignages d'affection ? L'examen des faits va d'ailleurs confirmer le jugement contenu dans cet horoscope.

Une des branches de la famille s'était transportée à Bourges. C'est là que Bardoux naquit en mai 1830. Son père, modeste fonctionnaire de l'administration des finances, resta dans cette carrière jusqu'à l'âge de la retraite et rejoignit alors sa femme à Clermont où elle s'était transportée pour surveiller l'éducation de son fils. Mᵐᵉ Bardoux était une femme lettrée. Elle aimait à lire tout haut, le soir, les chefs-d'œuvre de notre littérature classique. Bardoux apprit grâce à elle à connaître et à goûter nos vieux maîtres dans le texte et non pas dans un livre de

morceaux choisis. Il contracta là des habitudes de facile
enthousiasme que les années ne purent faire disparaître.
Il s'excusait ingénument de trop admirer certains passages de nos grands auteurs en disant : « Que voulez-vous?
Je crois toujours les entendre avec l'accent et le charme
de la voix maternelle. » — Il fut constamment le premier dans sa classe tout le temps qu'il resta au collège. Je
ne trouve à signaler sur cette période de sa vie que la pro-
tection tendre dont il entoura un frère infirme, particuliè-
rement exposé aux plaisanteries méchantes de ses cama-
rades. L'enfant donnait déjà des signes de cette générosité
qui devait être plus tard un des traits de son caractère.

Connaissant la vie, Mme Bardoux tint à ce que son fils en
fît l'expérience le plus tard possible : elle le garda longtemps auprès d'elle. Lorsqu'il partit pour Paris, elle ne
manqua pas de lui adjoindre un mentor muni des recom-
mandations les plus sévères. Bardoux connut ainsi longtemps avant de le matérialiser le sentiment qui attire l'un
des sexes vers l'autre. Il se complut dans les chastes et
fortes expressions qu'en donnent les poètes et il resta par-
ticulièrement préparé à comprendre la spiritualité, l'espèce
d'innocence que les femmes apportent dans l'amour.
Mme de Beaumont n'a pas seulement trouvé en lui un peintre
et un poète ému, c'est par instant un hagiographe racon-
tant avec dévotion et ferveur les miracles, les extases et la
passion d'une sainte Pauline. De cette première période
de sa vie date un volume : *Loin du Monde*, publié sous
le pseudonyme d'Agénor Brady. Il y a là quelques vers
d'une bonne facture, mais qui ne dépassent pas ce qu'on
peut attendre des essais d'un jeune homme en ce genre.

A Paris, Bardoux ne disposait que de ressources mo-
diques qui ne lui permettaient guère de fréquenter le grand
monde. Sa vive intelligence, sa bonne grâce et la douceur
de ses manières lui conquirent toutefois de fidèles amitiés :
il connut alors Flaubert, et noua avec Bouilhet des rela-
tions qui durèrent jusqu'à la mort du poète ; il se lia aussi
avec Émile Ollivier, Gambetta, Ferry. Jeune et croyant,
il n'avait pas à se défendre contre les séductions de l'Empire qui s'adressaient surtout aux découragés et aux
sceptiques. Il avait plus de peine à se garder contre les
ouvertures et même les avances de l'orléanisme. Sa mère,
grande admiratrice de Guizot, était restée fidèle au régime
de 1830. Elle aurait fort aimé que son fils devînt à Clermont le chef et le porte-parole de ce parti. Son influence
s'exerça dans ce sens aussitôt après le retour de Bardoux
à Clermont. L'*Indépendant du Centre* fut fondé par un
groupe d'orléanistes et de républicains qui trouvaient su-
perflu de déclarer par avance quel parti ils suivraient après
la victoire. Bardoux collabora activement à ce journal.
Mais la politique n'était pas alors la seule maîtresse de
son esprit mobile ; elle l'attirait moins que la littérature et
l'érudition : c'est ainsi qu'il publia pendant les dernières
années de l'Empire un article sur le cartulaire de Brioude,
d'autres articles sur la Réforme, d'autres encore sur les
Légistes du moyen âge : ceux-ci n'étaient que l'amorce du
livre qu'il devait achever plus tard et par lequel commen-
cèrent ses succès d'écrivain. Entre temps il plaidait, non
sans quelque éclat : il défendit l'*Indépendant du Centre* qui
avait parlé avec éloge du représentant Baudin, mort sur
les barricades en 1851.

Un événement inattendu changea et fixa les destinées
de Bardoux : M° Mège, l'avocat le plus occupé de Clermont, ayant été nommé membre du Corps législatif, lui
laissa en partant sa clientèle. Bardoux se trouva alors en
possession d'un cabinet important ; il plaida avec maîtrise
dans plusieurs grandes affaires, et la corporation le choisit
comme bâtonnier.

Nommé en 1870 maire de Clermont, il eut à administrer
cette ville pendant la période douloureuse qui porte le
nom de l'année terrible. Ceux qui survivent encore parmi
ses contemporains, se rappellent avec émotion un trait qui
lui fit grand honneur : des soldats allemands avaient été
pris et amenés à Clermont. Parmi eux se trouvait, dit-on,
le fils de Bismarck. La foule s'ameuta, se porta vers le
lieu où étaient détenus les prisonniers, et tenta de pénétrer jusqu'à eux. Bardoux, prévenu en grande hâte, réunit
quelques gardes nationaux et se dirigea vers l'endroit où
l'on s'attendait à quelque abus de la force. Il avait l'autorité nécessaire pour se faire écouter ; il prit la parole, et,
sans aucune préparation, dit tout ce que lui suggéra son
cœur et sa conscience d'honnête homme. C'en fut assez
pour changer l'âme de cette multitude ; elle se dispersa.
C'est, m'a dit l'un des témoins de cette scène, une des
occasions où j'ai vu Bardoux s'élever jusqu'à la grande
éloquence.

Presque immédiatement après, au mois de février 1871,
Bardoux fut nommé membre de l'Assemblée nationale.
Cette Assemblée comprenait à peu près tous les hommes
de cœur et de talent qui avaient été écartés par l'Empire
ou qui s'étaient tenus volontairement éloignés des affaires

publiques pendant plus de vingt ans. Les bonapartistes
s'étaient prudemment abstenus : l'Assemblée n'en comp-
tait pas un seul. Les républicains connus, les seuls qui
eussent pu grouper les voix autour de leur nom, étaient
en petit nombre. Le pays, qui voulait avant tout des
hommes nouveaux, fut réduit à les chercher dans les
vieilles familles locales. Les anciens partis orléaniste et
surtout légitimiste, formèrent la majorité de l'Assemblée.
On ne leur demanda, d'ailleurs, aucun engagement. On ne
s'informa point s'ils appuieraient l'une ou l'autre des deux
restaurations possibles. On n'ignorait pas qu'ils aimaient
ardemment la France, qu'ils l'aimaient plus que leur parti :
c'est tout ce qu'on avait besoin de savoir. Les députés
étaient donc libres, plus libres qu'ils ne l'ont jamais été,
de se considérer comme les représentants de la nation.
Ils regardaient les gens qui les avaient élus moins comme
leurs commettants que comme des intermédiaires entre
eux et le pays tout entier.

L'Assemblée qui fut appelée à siéger de 1871 à 1875
fut la plus grande et la plus digne de mémoire qu'il y ait
eu dans notre pays depuis 1789. Si elle n'oublia pas complètement la grandeur des intérêts de parti, elle s'éleva
constamment au-dessus de la bassesse de l'intérêt local.
Tout était à refaire alors : la Constitution et les lois. Il
fallait libérer le territoire, réorganiser l'administration,
lui imprimer un nouvel esprit. Que dis-je ! La France avait,
en quelque sorte, perdu son âme : la Commune de Paris,
les tendances à une sécession qui s'étaient produites dans
le Midi, avaient fait voir la capitale et certaines provinces
toutes prêtes à s'isoler, à se séparer du reste.

2

L'Assemblée conçut un grand nombre de mesures sages et réparatrices. Composée en majorité d'hommes qui passeraient aujourd'hui pour des réactionnaires, elle ne considéra jamais dans ses délibérations que la justice, la liberté et le bien public. Le législateur de cette grande époque ne fut même pas étranger à cet optimisme révolutionnaire qui respire dans les principes de 1789. Il fit un large crédit au peuple, et, par une illusion qui se trouva finalement être un bien, il espéra de la spontanéité populaire plus qu'il n'y avait à en attendre.

Bardoux se trouvait admirablement à l'aise dans une Assemblée dont il partageait toutes les passions généreuses, et l'Assemblée, de son côté, était disposée à accueillir avec faveur un homme laborieux, capable et résolu. Ce fut l'époque la plus brillante, et l'on peut ajouter la plus heureuse de sa vie. Ce fut aussi la mieux remplie : plein d'ardeur et de ténacité, il est toujours prêt à accepter les travaux qu'on lui demande d'entreprendre. Son aide est acquise d'avance à tous ceux de ses collègues qui veulent avoir ses conseils et l'autorité de sa parole dans la discussion. On rencontre son nom dans un nombre considérable de projets de lois. Il est constamment à la tribune pour les expliquer et les défendre. A tout propos, il fait des observations où se montrent la promptitude et la sagacité de son esprit. Ses vues sont toujours précises ; elles sont toujours larges et généreuses.

En 1875, la loi électorale fut changée et le scrutin d'arrondissement établi. Bardoux fut de nouveau élu député de Clermont. L'Assemblée nationale avait dû se découronner elle-même en envoyant siéger au Sénat soixante-quinze de ses membres. Toutefois, son esprit lui survivait encore dans la Chambre nouvellement élue. Celle-ci se fit honneur en appelant Bardoux au ministère de l'Instruction publique. Il ne resta en fonction qu'une année (1878) et fut l'inspirateur de l'activité féconde qui signala cette période. Il tomba du pouvoir dans les premiers mois de 1879. Déjà les électeurs se laissaient ressaisir par les politiciens. La petite section du pays qu'il représentait commençait à se montrer mécontente d'une politique qui ne considérait jamais que le bien du pays tout entier. Elle entendait que désormais son mandataire lui appartînt, qu'il fût, avant tout, le procureur chargé de faire prévaloir ses intérêts particuliers. Bardoux ne fut pas réélu en 1880.

Il rentra sans murmurer dans la vie privée. Il avait toujours eu le goût et le culte des lettres. Il entreprit immédiatement un assez grand nombre de travaux, surtout biographiques, qu'il n'abandonna pas lorsqu'il fut réélu sénateur. Il mena donc de front la double activité de l'écrivain et du législateur. Au début de sa carrière, il s'était fait remarquer par un ouvrage qui aurait mérité de faire plus de bruit à son heure : *Les Légistes et leur influence sur la société française.* Un second ouvrage, qui a moins d'intérêt que le titre n'en faisait prévoir, est la vie de M. de Montlosier. Mais l'œuvre qui marque une date dans la vie de Bardoux est l'étude sur Mme de Beaumont. A partir de là, se succèdent ces trois livres, pleins d'une sensibilité délicate, d'un attendrissement discret, où la touche est à la fois émue et craintive : ce sont avec Mme de Beaumont les ouvrages sur Mme de Custine et Mme de Duras. Bardoux avait ainsi fait le tour du cœur de Chateaubriand ; il le prend lui-même pour sujet, dans un livre qui est très habilement composé, et qui, sans donner une idée complète de l'homme, met admirablement au courant de ses œuvres littéraires. Il faut citer encore, après les deux volumes sur La Fayette, l'étude où Bardoux a mis le plus profond et le plus intime de sa pensée sur la société politique, je veux dire la *Bourgeoisie française*. Il en termine l'histoire en 1848, en glorifiant la personne de Guizot qu'il devait reprendre un peu plus tard dans un opuscule de 200 pages. C'est un des bons spécimens de ces biographies intelligentes et succinctes qui forment la collection Jusserand.

C'est en 1881 que Bardoux avait été nommé sénateur inamovible : c'était l'une des dernières fois que le Sénat usait d'un privilège qui devait bientôt lui être retiré. Il apportait à la haute Assemblée un précieux concours, qui ne tarda pas à se faire sentir. Esprit laborieux; cœur ouvert à tous les enthousiasmes, il n'était pas de besogne si ingrate qu'il crût pouvoir décliner. Il n'y avait pas de question intéressant la dignité du pays que sa générosité naturelle n'allât chercher pour en dire son mot. Il n'y avait pas de sujet si voilé par les intérêts et les égoïsmes qu'il ne sentît le besoin d'éclaircir et d'illustrer par la vérité courageusement dite. Il intervint dans presque toutes les discussions que soulevèrent les questions d'enseignement supérieur, notamment celle des Universités, et son rapport sur les Octrois est resté un modèle par la connaissance approfondie du sujet, le grand nombre des points de vue, la force de l'argumentation. Il avait été nommé en 1890 membre de l'Académie des Sciences morales : il n'y avait que des amis. C'était un charme de le rencontrer là, bienveillant et souriant, abondant en bonnes paroles qui partaient du cœur; sa voix chaude et vibrante, l'expression si fine et si distinguée de sa bouche répandait une grâce sur tout ce qu'il disait. Il fut pris, en 1896, par une de ces maladies qui ne pardonnent pas. Après une accalmie passagère, le mal revint avec plus de force. Il succomba en novembre 1897. On peut dire, avec une vérité parfaite, que personne n'a jamais emporté des regrets plus sentis et plus unanimes.

Je voudrais étudier dans Bardoux l'homme politique, qui comprend le député et le ministre, l'écrivain, qui comprend le lettré et le dilettante, enfin, l'homme lui-même, considéré dans son esprit et dans son caractère, ressorts cachés qui l'ont rendu apte à soutenir les deux premiers personnages.

Comme homme politique, il s'est fait remarquer par la belle unité de sa vie. Jamais il n'a sacrifié à un intérêt de parti la plus petite parcelle de ses opinions, et pourtant ses convictions de *juste milieu* étaient de celles qui se prêtent le plus aisément à ces sortes de compromis. Il est resté constamment fidèle à lui-même. Il se faisait remarquer, de plus, par une loyauté, un désintéressement, une abnégation dont il n'avait pas l'air de se douter. Ses amis, — y a-t-il des amis en politique? — lui demandaient souvent des conseils sur un parti d'où dépendait leur fortune ministérielle. Bardoux les donnait de bonne foi, sans s'inquiéter des conséquences, sans compter les rivaux que sa bonne grâce aidait à se dresser ainsi sur son chemin. Chez un homme aussi peu préoccupé de lui-même, le droit sens avait gardé toute sa rigidité, toute son acuité. Il avait le sentiment fin et complet des situations. Il était consulté par tous ses collègues comme un homme d'un jugement sûr, d'un discernement éprouvé, qu'il fallait consulter surtout dans les conjonctures difficiles. On attendait, on voyait arriver avec une sorte de joie cet homme de bon conseil, et on lui laissait le soin d'indiquer le parti à prendre. Tout au plus peut-on lui reprocher d'avoir eu trop de confiance dans le bon sens délié dont il était doué. Peut-être, au delà de ce bon sens, y avait-il d'autres manières de raisonner qui n'étaient desservies que par leur nouveauté même, et qui devaient plus tard devenir, elles aussi, le bon sens des générations suivantes. Mais c'est là une critique de philosophe désabusé, qui ne comprend pas le rôle de l'homme d'État enfermé dans le présent et borné par un avenir très court. Bardoux a eu ainsi l'honneur de résoudre, sans qu'on en sût rien, quelques-unes des crises les plus difficiles de son temps. Quoi qu'il en soit, quand on considère toute cette longue carrière, on est frappé du caractère de constance et d'unité qu'elle présente. On s'incline devant ce tribunal élevé, impartial, dont la jurisprudence est si ferme, et l'on admire le poids avec lequel les arrêts en descendent, expressions diverses d'une même conception de la vie politique.

C'est surtout comme député que j'aime à me le figurer. Il se fit très vite la réputation d'un excellent orateur d'affaires. Il avait une rare capacité de travail, une promptitude d'esprit singulière, l'art de se rendre maître rapidement de chaque question, et d'y être à l'aise. La variété des sujets qu'il aborde est presque infinie : marine, armée, instruction publique, beaux-arts, administration générale ou locale, droit civil, droit commercial, législation ouvrière, tout lui est également familier ; et je n'ai point parlé encore de la haute politique, des affaires où le discernement de l'homme d'État est plus nécessaire que la compétence de l'homme pratique.

La structure de ses discours est invariablement la même ; son procédé consiste à diviser largement le sujet, sans en détruire les grandes lignes. Il marque exactement le caractère de chaque division : la première, dont il prend congé très vite, lui aura servi à débarrasser le terrain ; une autre a pour objet de réfuter les critiques qui lui sont opposées ; il insiste enfin, avant de conclure, sur les mérites positifs de la proposition dont il est l'auteur. Dans cet ensemble si riche, la simplicité, la clarté, la sobriété et la brièveté sont également à louer. J'ai lu beaucoup de discours de Bardoux, je n'en ai rencontré aucun où les divisions s'enchevêtrent, où l'orateur s'embarrasse dans les distinctions qu'il a lui-même tracées. Il domine constamment son sujet. Nulle recherche de l'expression rare, du mot à effet ; jamais de bavure : la sévérité technique de la discussion reste entière. On peut dire, et ce n'est pas un mince éloge, que non seulement chaque alinéa, mais chaque phrase de l'orateur laissait une vue nouvelle du sujet, et une nouvelle raison d'en décider dans l'esprit de l'auditeur. Je citerai comme exemple le débat sur les risques industriels où, dans une loi dont il était rapporteur, il tint tête à la fois à des adversaires de droite et de gauche avec une entière possession de lui-même et de son sujet, une logique pressante, une courtoisie qui ne se démentit pas une seule fois, car c'est encore un des traits de cette éloquence, qu'elle ne cède jamais à un mouvement d'humeur, et qu'elle garde en toute circonstance le ton et les façons d'une politesse accomplie. En ces discours, tout faits de muscles et de nerfs, de faits et d'idées, il n'y a point de place pour l'enflure oratoire. Tout au plus et fort discrètement, l'émotion gagne-t-elle l'orateur vers la fin; elle s'échappe alors en quelques phrases moins précises, plus amples et plus redondantes, dont les plis, retombant parfois sur quelques menues incorrections de forme, les cachent au public, comme ils les ont cachées à l'auteur lui-même.

Cette analyse des discours de Bardoux ne serait pas complète s'il y manquait le trait qui relève cette parole si précise, et la grandit jusqu'à l'éloquence. Bardoux avait démêlé de bonne heure les avantages et les défauts qui sont propres à la démocratie, et qui prévalent avec elle dans toutes nos sociétés modernes; la démocratie ouvre les esprits à une notion plus impérieuse de la justice; elle fait pénétrer dans les institutions plus d'humanité, de solidarité, de vraie fraternité. D'un autre côté, elle est essentiellement illibérale. Il faut à la majorité d'un peuple un grand effort de sagesse et de retenue pour supposer que la minorité puisse avoir raison contre elle; elle sent qu'elle a le nombre, la masse et la puissance. Elle a des flatteurs qui lui persuadent d'user de tous ces avantages. Elle s'attribue de bonne foi le droit d'étouffer ce peu de voix qui protestent. Ajoutez que la liberté, du moment qu'on la laisse agir sans lui assigner de bornes, engendre naturellement l'inégalité, c'est-à-dire l'aristocratie. Des élites se forment, grossissent, se perpétuent de génération en génération, accumulent entre leurs mains les moyens d'action et d'empire. Si la majorité n'annule pas artificiellement ces avantages ou ne fait pas des lois pour les empêcher de naître, ils prendront corps et consistance, et la société deviendra, avec le temps, oligarchique. Les minorités qui tendent à acquérir un privilège de fait sont, à l'égard de la grande masse, dans la même condition que les Juifs de l'ancien régime vis-à-vis de la royauté. Il fallait que le prince fît rendre gorge de temps à autre aux traitants israélites. Pareillement, la démocratie incline plus ou moins à poursuivre l'homme qui possède, l'homme qui sait, l'homme qui croit, afin qu'aucune force capable d'exercer quelque empire n'existe en dehors d'elle-même, ni la propriété, ni la science, ni la foi. Bardoux entreprit de s'opposer de tout son pouvoir à ces tendances et à la tyrannie qu'elles suggèrent ; il ne manqua jamais une occasion de réclamer la liberté pour tous, ce qui, dans sa bouche, signifiait surtout la liberté des autres, la liberté de ses adversaires. Sa nature généreuse le rendait hostile à toute loi qui, pour des raisons de salut public, ou même simplement pour le bien de l'État, obligeait les gens à se contraindre, à s'abstenir ou à se taire. Républicain, il défendit les rejetons de notre race de rois contre la défiance de la démocratie. Esprit libre, il prit le parti des congrégations contre l'intolérance systématique du grand nombre. Se mettre en travers des passions de son temps, c'est sans doute le plus noble usage que l'homme puisse faire de sa force et de son talent. C'est assurément le plus haut personnage dans lequel on puisse concevoir l'homme politique,

Un homme aussi remarquablement doué était apte à

3

exercer les fonctions de ministre. Ministre ! Ceux à qui l'on fait l'honneur d'un tel choix, se flattent d'imprimer une direction nouvelle à tous les services, d'appliquer les idées qu'ils se sont faites sur les améliorations à introduire. Quel mécompte! A peine installés, ils reçoivent coup sur coup les visites de personnages pressants qui ne les laissent pas respirer et leur font promettre de venir inaugurer une ligne de chemin de fer, poser la première pierre d'un asile· pour les vieillards, participer à un banquet de commis voyageurs. Tout leur temps se passe à revêtir d'une forme littéraire les lieux communs qui forment la matière de leur discours. Au reste, le ministre, à peine entré en fonction, s'aperçoit, dès ses premières conversations avec ses chefs de service, d'abord, qu'il n'a jamais connu, ni mesuré les difficultés pratiques du moindre changement à opérer, ensuite, qu'il ne peut rien sans l'aveu et le concours de ces personnages dont la mauvaise volonté suffit pour faire échouer le projet le mieux conçu. Le ministre se borne donc à prendre leur conseil sur les réformes auxquelles il voudrait attacher son nom. Mais les réformes, on le sait bien, ne réussissent que lorsqu'elles portent sur tout un ensemble de questions connexes ; autrement les parties nouvellement élaborées trouvent une résistance dans le reste de l'ancien système, résistance presque toujours victorieuse. Force est donc de se réduire à de très chétives modifications, presque sans conséquences, et tout le travail de l'homme d'État consistera à leur donner plus d'apparence qu'elles n'ont de réalité. Si l'on suppose enfin que le ministre quitte son cabinet et paraît à la Chambre, que de nouvelles déconvenues y attendent l'homme sérieux et convaincu ! Le régime parlementaire n'est pas, comme on l'a dit souvent, un gouvernement par la parole, c'est-à-dire par la pensée dont la parole est l'expression : c'est un gouvernement d'orateurs et de rhéteurs. Or ce n'est point le vrai, c'est le vraisemblable qui est l'objet de la rhétorique, et il vaut quelquefois mieux, pour le succès de la cause qu'on défend, dissimuler le vrai que l'exprimer. Cette argumentation simplement probable, il faut que le ministre soit capable de la présenter de bonne foi, en y croyant ou comme s'il y croyait, avec entrain, avec agrément, avec tact, en un mot avec toutes les ressources que peut lui fournir un talent oratoire naturellement distingué. Un homme qui sait aligner des mots a un avantage considérable sur l'homme qui ne sait faire autre chose que penser, qui s'est formé une opinion par des réflexions silencieuses, et qui serait un ministre excellent si l'on consentait à le juger sur ses actes sans lui demander de les justifier par la parole. Mais c'est ce qui n'arrive pas : ses actes ne plaident pas pour lui, par la très simple raison qu'il n'en fait pas ; il n'est pas ministre. C'est l'autre qui exerce le pouvoir, et ses actes se règlent sur les paroles qu'il peut dire pour les expliquer. L'homme supérieur qui agit en vertu d'un instinct, qui puise ses résolutions dans la « partie divine de l'art de gouverner » est ainsi éliminé de la politique. Les actes mâles ont été remplacés par les paroles femelles et le génie d'un Richelieu s'est effacé devant le talent d'un Guizot.

Pendant la première période de sa vie parlementaire, Bardoux fut deux fois ministre. Nommé une première fois sous-secrétaire d'État de la justice, il se démit de ses fonctions le jour où il s'aperçut qu'il n'était pas d'accord avec le reste du cabinet sur la question du scrutin uninominal. Cet acte de désintéressement ne pouvait lui faire tort. Il fut de nouveau désigné, cette fois comme secrétaire d'État de l'Instruction publique dans le cabinet qui prit à la fin de 1877 la charge du pouvoir.

Les grandes questions ne sont pas nécessairement résolues par le ministre qui les a conçues : ce ministre les prépare; il tombe avant de les avoir fait aboutir. C'est son successeur peut-être qui aura la fortune de les rédiger en projets de loi, et le successeur de celui-ci qui aura la chance de les voir votées par les Chambres. Il résulte de là que toutes les grandes mesures ne peuvent être rapportées à un seul : elles sont une œuvre collective. Bardoux n'a pas eu l'honneur de proposer et de défendre l'obligation et la gratuité de l'enseignement primaire préparée sous ses yeux et avec sa participation. Il a présenté et fait aboutir la loi sur la Caisse des Écoles conçue originairement par M. Waddington. Nous ne croyons donc pas que l'activité ministérielle de Bardoux ait été bornée aux mesures prises par lui pendant l'année 1878. M. Rambaud, dans son discours sur la tombe de Bardoux, a fait un tableau animé de ces mesures. La création de la Caisse des Écoles, de la Caisse des Lycées, la reconstruction de la Faculté de médecine, le projet de reconstruction de la Sorbonne, la fondation du Musée d'ethnographie et du Musée pédagogique, etc., suffisent pour donner l'idée de l'activité déployée par le ministre. J'oubliais de dire qu'il a été le principal auteur de la législation qui protège nos monuments historiques.

Bardoux possédait la qualité maîtresse dont aucun ministre ne peut se passer : il était né orateur. Mais cet homme sincère, consciencieux, délicat, pouvait-il s'accommoder sans scrupule de tant de servitudes et de tant de contraintes qui pèsent sur les actes et sur les paroles d'un ministre ? Il n'eut, comme secrétaire d'État, qu'une courte carrière et ne se prêta plus, par la suite, à de nouvelles combinaisons. Il avait de plus un défaut caractérisé qui le rendait impropre à cet office : c'était, nous l'avons vu, un parfait libéral et peut-être est-ce cela surtout qui l'a empêché de faire une plus haute fortune, de devenir chef d'un ministère. Il faut bien l'avouer, le propre du grand ministre est de ne se laisser enchaîner par aucune abstraction. Sa force est en un sens une faiblesse puisqu'elle consiste dans une liberté d'indifférence à l'égard des principes. Les questions politiques sont toujours pour lui des problèmes particuliers qu'il résout d'après les circonstances, sans se croire engagé à résoudre de même par la suite un problème semblable. Je me le figure, entouré de ces arguments probables, tous à sa portée et à son niveau, s'attachant à l'un pour s'en détacher ensuite et se rapprocher des autres, indépendant de ce qu'il appelle les grands mots, maître de tous ses mouvements, libre dans toutes ses démarches et composant chaque fois avec art, par des emprunts aux différents principes, la solution opportune et expédiente que la Chambre adoptera avec enthousiasme. Ce haut et magistral scepticisme était refusé à Bardoux. Comme J. Simon, comme Laboulaye, il a renoncé délibérément au grand rôle qui avait paru un instant s'offrir à lui.

Bardoux passa en Auvergne toute son enfance et sa jeunesse ; là aussi s'écoulèrent les premières années de son âge mûr. Il s'attacha profondément à son pays d'adoption. Il en aima les longues vallées étroites, sortes de fentes élargies par les eaux que surplombent des amas de pierres volcaniques facilement confondues avec les restes des antiques châteaux construits de la même pierre. Des villages s'écroulent sur les pentes, mêlant leurs tuiles rouges à la pâle verdure des châtaigneraies ; plus bas, des oseraies accompagnent le cours tortueux d'un ruisseau dont les ondes tièdes ou chaudes, toutes chargées d'alcali ou d'arsenic, débouchent avec fracas dans la riante plaine de Clermont. Les vallées sont disposées comme les secteurs d'un cercle qui aurait la ville pour centre. De chacune on découvre la cathédrale agenouillée avec fierté et ostentation dans sa robe de pierre. Tout autour la terre est le produit accumulé des roches volcaniques désagrégées par les eaux. Ce sol, fils du feu, où dort concentrée la chaleur de plusieurs soleils, est incroyablement fertile. Les fleurs y sont plus brillantes, le miel plus doux, les fruits plus savoureux qu'ailleurs. L'Auvergne, pays de lave et de granit comme la Bretagne et la Provence, nourrit comme elles une race forte. C'est de ces trois centres que sont sortis une bonne partie des grands hommes dont la France s'énorgueillit à juste titre. Mais l'Auvergne, avec son seul Pascal, ferait aisément équilibre à la Provence avec son Mirabeau, à la Bretagne avec son Chateaubriand, son Lamennais et son Renan. Cette race est marquée des mêmes caractères que le pays que nous venons de décrire. Telle la rivière creuse péniblement au fond de sa ravine

le lit sinueux de ses eaux chargées de sels et les pousse
tumultueusement vers la plaine, tels ces hommes, moins
préoccupés de l'origine de leurs idées que du but de leurs
efforts, tracent, sans plaindre leurs peines, un sillon où
ils jetteront les semences de fruits excellents. Ils sont
extraordinairement laborieux et opiniâtres, très attachés
aux biens de cette terre, très pénétrés du sentiment de la
justice. Ces vallées sont si profondes que la cime des mon-
tagnes y reste invisible; les hommes de ce pays ne sont pas
curieux de chercher la vérité à sa plus haute source. Ils
ont assez du travail obstiné qui est leur lot de chaque jour.
S'ils relèvent la tête, c'est pour regarder devant eux à
hauteur d'homme. Ils voient clairement ce qu'ils regardent,
leur génie est essentiellement juridique, nullement philo-
sophique. Ils n'empruntent à leur philosophie que leur
point de départ situé à mi-côte, mais ils en tirent une telle
richesse, une telle variété de conséquences qu'on perd de
vue la médiocre hauteur où leur raisonnement prend sa
source.

Bardoux a été vivement intéressé par cette forte lignée
d'hommes presque tous supérieurs; il s'est fait leur histo-
riographe. On rencontre dans son premier livre de nom-
breuses figures de légistes, parmi lesquelles les plus
éminentes et les plus caractérisées sont des Auvergnats.
Il va ensuite chercher M. de Montlosier à Randanne, la
famille de Montmorin à la Barge, La Fayette à Chavaniac.
Tous le passionnent. Il montre à leur égard une bienveil-
lance qui va jusqu'à la partialité. Cette disposition est
augmentée chaque fois par la bonne grâce et l'obligeance
d'un petit-fils, d'un neveu, d'une belle-fille qui ont mis

sous ses yeux des documents non publiés. Il y aura ainsi presque toujours quelque chose à retrancher du jugement favorable qu'il porte sur chacun de ces personnages, mais ce que j'en ai dit suffit pour nous assurer que nous sommes en présence d'œuvres faites avec amour, avec prédilection, infiniment plus vivantes et plus intéressantes qu'un travail de pure érudition. Bardoux n'est pas un de ces déracinés dont parlait un romancier de notre temps : il est resté fidèlement attaché à sa patrie adoptive. Dans cette confusion des races et des langues que produit toujours plus ou moins le séjour à Paris, l'Auvergne est restée pour lui une mère ou, si l'on veut, une nourrice ; un souvenir tendre le reportait vers elle et lui rendait précieuses toutes les occasions qu'il rencontrait d'augmenter la gloire et de servir la renommée de ce pays d'élection.

Le temps nous manquerait pour suivre Bardoux dans toutes ses œuvres si habilement documentées, si riches en aperçus nouveaux, si dignes en un mot de notre étude. Nous sommes réduit à faire un sacrifice et il me semble qu'il devra surtout porter sur les biographies des hommes de second ordre. Un Montlosier, par l'originalité d'une âme forte, un La Fayette par l'élévation d'une âme généreuse, ont acquis le droit d'échapper à l'oubli où sombrent en général les esprits médiocres. Ils ne paraissent grands que par la grandeur des événements qu'ils ont traversés. J'ai donc laissé de côté, non sans regret, les travaux remarquables que Bardoux leur a consacrés. J'en ai fait autant de cet excellent petit livre sur les Légistes qui, moins par la façon dont est traité le sujet que par l'idée qu'a eue le jeune auteur de présenter en une longue série linéaire

ces premiers éducateurs de l'esprit public en France, est
une véritable et précieuse acquisition pour l'histoire. Mais
quel spectacle plus attachant que de voir Bardoux dans sa
maturité aux prises avec les vrais grands hommes, ceux
dont le fonds est si riche que nul critique ne peut se flatter
de l'avoir épuisé et qui gardent toute leur stature après
que le flot de l'histoire s'est aplani à leurs pieds. J'ai
presque nommé Chateaubriand et Guizot. Le premier ne
peut être séparé de la *Comtesse de Beaumont*, le second
s'encadre naturellement dans l'histoire de la bourgeoisie
française.

Chateaubriand! Cette grande figure est debout sur le
seuil du siècle et à l'entrée de toutes les voies où depuis
lors les hommes se sont engagés. Il est en France le père
du romantisme. Il a appris à ses contemporains l'ennui de
vivre, la mélancolie de la destinée. Il a le premier cessé de
puiser aux fontaines taries de la Grèce et de la Sicile; il
a ouvert à la poésie des sources fraîches qu'il allait chercher sur les rives du Meschacébé, dans les forêts de la
Gaule, sous les murs de Jérusalem où la religion et l'histoire prêtaient leur richesse à sa jeune inspiration. Il fallait
la témérité du génie pour dépayser ainsi l'imagination de
ses contemporains, pour déplacer le principe de l'émotion
littéraire et changer le système des métaphores et des
images. Il n'avait point les imperfections ou les rudesses
d'un précurseur. Il a des morceaux datés du commence-
ment du siècle où l'on admire une maîtrise incomparable
du rythme, de la couleur, de l'émotion propre à l'école
nouvelle et qui rivalisent avec les exemplaires les plus

4

réussis du romantisme parvenu à sa période de perfection.

J'ai laissé entendre que l'histoire avait été renouvelée par lui. Non seulement il lui a communiqué par l'imagination une vie qu'elle n'avait pas, mais il y a fait rentrer un nombre infini de faits que les froides chroniques du XVIII° siècle omettaient — et avec raison — parce que n'ayant pas été touchés et transformés par le génie du poëte, ils n'avaient pas encore de sens historique. Quelle nouveauté, par exemple, que ce tableau de l'éveil du camp romain aux premières lueurs du jour avec des détails si sobres et si exacts d'où résulte une impression si profonde ! C'est Chateaubriand qui a découvert l'architecture gothique jusque-là masquée par les pompes monumentales du XVIII° siècle. La richesse de son imagination et la magie de son style étaient telles qu'elles ont précipité vers l'histoire plus d'une vocation indécise : est-il besoin de rappeler Augustin Thierry ?

Il a fait bien plus: il a été le restaurateur du christianisme catholique en France ; il a presque joué le rôle d'un fondateur de religion. Les délicates manières de sentir, les puissantes raisons de croire qu'il a introduites dans son apologie de la foi chrétienne ont été accueillies et conservées par le catholicisme. On ne devrait jamais louer le Concordat sans se rappeler à côté de l'homme qui a consacré par la loi le retour à l'antique religion, celui qui a tant contribué à la faire accepter par les mœurs et qui a réconcilié avec elle la raison, l'imagination et le sentiment. Ils sont deux dans ce siècle, l'un qui, restaurateur du passé, a distingué dans les lois et coutumes d'une vieille monarchie tout ce qui pouvait être conservé et rajeuni,

qui a refondu cette matière avec quelques idées datant
de la Révolution et a fait sortir du moule les institutions
politiques sous lesquelles nous vivons depuis un siècle ;
l'autre qui dans tous les genres a été constamment en
avance sur son temps, précurseur et avant-coureur d'un
avenir que nous n'avons pas encore épuisé. L'un qui a
bouleversé l'Europe, remanié cinq ou six fois les fron-
tières des peuples, donné et ôté des couronnes, œuvre
gigantesque dont la trace a été aussi vite effacée que les
pas d'un enfant sur le sable. L'autre qui a transformé les
âmes et inauguré pour elles de nouvelles manières de sentir, de croire, de savoir et de s'exprimer. Est-ce celui qui
a fait le plus de bruit sur cette terre qui, dans les pesées
d'une juste balance, est le plus grand et le plus digne de
mémoire?

Chateaubriand était doué comme il convenait pour ac-
complir cette œuvre immense. Il a encore, quand il le
veut, la phrase juste et lumineuse de Voltaire, la phrase
bien assise qui tout d'un coup se lève et marche à grands
pas alertes. Il couvre cette trame d'images neuves etbril-
lantes car son imagination est la plus riche qui se puisse
concevoir; la puissance et la variété de l'invention y sont
presque infinies. Ajoutez l'esprit le plus subtil et le plus
fin, le plus prodigieusement amusant qui fut jamais, une
perspicacité qui n'avait pas besoin de l'analyse pour aller
jusqu'à la racine des choses. Il était malgré tout, c'est-à-
dire en dépit de sa vanité et de ses retours sur lui-même,
clairvoyant et impartial : il l'a été dans l'admirable et défi-
nitif jugement qu'il porte sur Napoléon. Les hautes vues
de l'homme d'État ne lui ont pas manqué, et s'il ne lui a

pas été donné de les appliquer longtemps comme ministre, c'est qu'elles étaient desservies par un orgueil exigeant, par un amour-propre toujours en éveil, par une ambition qui regardait et visait toujours plus haut que le présent, par un égoïsme qui, le moment de la curée venu, ne reconnaissait plus d'amis. Enfin, jeune homme, homme fait, vieillard, il a goûté, à travers les mécomptes d'une vie dont il aimait à se plaindre, les grandes, les douces récompenses que l'amour n'accorde pas toujours au génie et au malheur. Pauline de Beaumont, Mme de Custine, Mme de Duras, Mme Récamier se sont succédé sans interruption auprès de lui, de façon que pas un jour le culte ne manquât à l'autel jusqu'à la mort, qui laissa lui survivre la dernière de ces femmes d'une qualité d'âme si rare, d'une tendresse si exquise. C'est là peut-être ce qui a causé le plus d'admiration et d'envie aux jeunes écrivains entrés après lui dans la carrière. Avoir son génie, ils n'y comptaient pas; mais être aimé comme lui, était-il défendu de l'espérer? C'est là le sentiment qui a pénétré en secret les âmes de nos poètes et de nos critiques. Sainte-Beuve en a été blessé jusqu'au cœur, c'est-à-dire jusque dans les parties les plus intimes de son amour-propre; il porte partout ce trait envenimé. Les amours de Chateaubriand ont inspiré à la noble nature de Bardoux un enthousiasme sans jalousie qui lui fait honneur.

Bardoux a rencontré assez tard le personnage même de Chateaubriand : il a commencé par ses amies, par le milieu sentimental où avait vécu le grand homme. Je demande la permission de renverser l'ordre qu'il a suivi. Dans le volume intitulé *Chateaubriand* et qui est l'un des meilleurs

de son œuvre, il ne faut pas s'attendre à rencontre à côté
du poète et de l'écrivain l'historien, le politique, l'homme
d'État. Ce n'était pas le dessein de Bardoux de peindre
l'homme dans ces différents personnages : il avait fait son
choix. De propos délibéré, il ne considère que l'artiste.
Les œuvres de Chateaubriand sont présentées en une longue
série, chacune à sa date. Elles ne sont pas groupées d'après
la nature des sujets, de manière que tout ce que Chateaubriand a pensé en divers temps sur une question détermi-
née se trouve rapproché et se prête à de faciles comparai-
sons. L'arrangement par ordre de date a un avantage : c'est
que, s'il ne permet pas de classer les idées d'un auteur,
il respecte l'unité de son génie littéraire, seul lien qui sub-
siste entre les chapitres successifs. Ce génie se retrouve
dans chaque œuvre avec une marque particulière, signe
d'un progrès ou d'une décadence, et la suite de ces marques
forme comme l'histoire d'un grand esprit. En cela Bardoux,
en dépit de quelque regret que son parti pris nous laisse,
a parfaitement réussi. Il est impossible d'imaginer rien
de plus juste, de plus ingénieux, de plus complet et de
plus sobre que le tableau de la littérature du XVIIIᵉ siècle
à l'heure où le génie de Chateaubriand va éclater brusquement et renouveler tous les genres littéraires. Sa vie à
Combourg nous laisse une impression de mélancolie pé-
nétrante dont nous connaissons la source, car Bardoux
s'est largement inspiré des *Mémoires d'Outre-Tombe*. Mais
qu'il fallait un grand art et une sensibilité entièrement
possédée de son sujet pour en conserver si bien le charme
fragile dans le peu de pages auxquelles il a fallu se réduire ! Les autres chapitres sur le *Génie du Christianisme*,

les *Martyrs*, l'*Itinéraire de Paris à Jérusalem*, le *Congrès de Vérone*, enfin, les *Mémoires d'Outre-Tombe* contiennent des jugements excellents. Peut-être pourrait-on regretter qu'il n'ait pas été fait une part plus grande au journaliste et au pamphlétaire et que Bardoux ait cru en avoir dit assez dans un chapitre de six pages.

L'étude sur Mme de Beaumont est un livre mal composé. Il le serait encore même si l'on en changeait le titre. Il comprend deux parties entre lesquelles il n'y a pas de lien solide et véritable, l'une toute politique, où sont racontées l'élévation, les luttes, la disgrâce et la mort de M. de Montmorin, l'autre toute biographique qui est consacrée, le mot est juste, au reste de la courte vie et à la mort de Pauline. Cette seconde partie a été écrite très vite. La langue est souvent incorrecte, le style n'est pas exempt d'emphase. Malgré toutes ces imperfections, le livre de Bardoux est l'un des plus émouvants qui se puissent lire. Il a gardé tout son empire sur les imaginations et les cœurs. C'est une perle aux vagues reflets qui est sortie d'une larme.

Bardoux rencontrait ici cette difficulté que presque rien d'écrit n'a survécu à Mme de Beaumont; elle n'a point laissé de Mémoires; ses lettres n'ont pas été conservées ou ceux qui les possèdent ne les ont pas jugées dignes d'être divulguées. Le portrait de de Pange pour lequel Bardoux montre une admiration de convenance manque totalement d'originalité : c'est une composition bien faite pour le brevet supérieur. Force était donc de peindre Pauline par le milieu où elle a vécu, par les amis qui l'ont entourée, par les souvenirs qu'elle leur a laissés à tous.

Le salon de Mme de Beaumont, voilà le titre véritablement
exact de la seconde partie du volume. Ce salon, il était
doux de s'y rencontrer, de s'y enfermer au lendemain de
la tempête révolutionnaire, d'y trouver réunis les esprits
rares et les nobles caractères qui avaient échappé par mi-
racle à la tourmente, de causer librement avec ces hommes
que la grandeur des événements traversés avait rendus
incapables de toute petitesse. Ce n'étaient pas moins
que de Pange, les deux Trudaine, Chênedollé, Adrien
de Lézay, Mme de Vintimille, Mme de Montesquiou, Joubert et enfin Chateaubriand dans tout le jeune éclat de
sa gloire naissante. Nul n'a analysé plus fortement que
Bardoux ces joies fières et délicates. Mme de Beaumont
présidait ces soirées avec cet art, ce tact exquis qui a
pour fond une parfaite bonté. Bardoux se voyait lui-même
admis à ce cénacle : il philosophait avec de Pange, raffinait
avec Joubert. Il aimait en secret une des belles amies de
Pauline ; il s'inclinait silencieux devant le maître et il lui
semblait avoir un instant vécu dans la familiarité des
dieux. Il sortait de là véritablement heureux, et pour ne
rien mêler de vulgaire et de passager au monde idéal
qu'il venait de quitter, il rentrait en regardant les étoiles.

Je ne parlerai pas de la mort de Mme de Beaumont : il
ne se peut rien imaginer de plus tragique et de plus poi-
gnant ; mais Bardoux était soutenu par Chateaubriand : il
lui suffisait d'analyser les *Mémoires* et d'y découper à l'occasion des passages beaux d'une éternelle beauté. Ce qu'il
y a de plus nouveau et de plus personnel, c'est la façon
dont sont groupés et appréciés les lettres et les témoignages écrits après la mort de Pauline. Chateaubriand

n'est pas celui qui souffre le plus : c'est Joubert dont le voyage de Pauline en Italie avait bouleversé l'existence, qui n'écrivait plus, ne pensait plus, je veux dire ne pensait qu'à elle et qui, après la mort, décida qu'un mois par an serait employé à célébrer son souvenir. C'est Mme de Vintimille qui écrivit : « C'est une plaie qui ne se fermera jamais. L'idée de ne plus la revoir me poursuit sans cesse. » Heureuse la femme qui laisse à ses amis de tels regrets! Ils deviennent ceux d'un monde qui ne l'a pas connue.

Après ce pieux pèlerinage où il avait été engagé par la rencontre soudaine d'une âme et retenu par le prestige du grand enchanteur, Bardoux revint à ses études politiques. Ce retour est marqué par le livre de la *Bourgeoisie française*. Bardoux se défend modestement d'avoir voulu faire une histoire de la Bourgeoisie. Il se propose simplement de montrer la grandeur et la décadence des classes moyennes, les dons supérieurs qui les ont portées au pouvoir, les erreurs et les faiblesses qui ont précipité leur chute. 1789, 1848, ces deux dates nous aident à comprendre ce que Bardoux entendait par le mot Bourgeoisie. Dans cet intervalle, il n'y a point de suffrage universel direct, consacré par la loi: c'est tantôt le suffrage à plusieurs degrés, tantôt l'électorat à vie, tantôt différents chiffres de cens pour l'électorat et l'éligibilité. La classe que ces régimes successifs distinguent et séparent du reste de la nation, possède le privilège de choisir virtuellement les membres du cabinet. Analyser brièvement le type moral et social, les idées courantes, la forme de gouvernement, les principes de conservation et de progrès propres

à une société de 2 à 3oo ooo censitaires, voilà donc, à
proprement parler, le sujet du livre.

Ce privilège se défend par des raisons spécieuses. Le
cens après tout l'une des garanties les moins contestables
est en effet, d'une manière générale, la plus sûre garantie
d'une certaine culture. Si l'on suppose deux cens, un
pour l'électorat et un pour l'éligibilité, ce sont donc appa-
remment les meilleurs parmi les meilleurs qui arriveront
au parlement et prendront part à la lutte pour la première
place. Ceux qui obtiennent cette place par le suffrage de
leurs égaux, sont donc le produit final d'une sélection à
plusieurs degrés, et le sentiment que leur victoire est pré-
caire, leur pouvoir toujours disputé, ne leur permet pas
un seul instant d'être inférieurs à eux-mêmes. Le suffrage restreint est donc théoriquement le moyen le plus
efficace de faire prévaloir l'intelligence et l'honnêteté
dans la conduite des affaires du pays.

Ces raisonnements si judicieux contiennent pourtant
une erreur profonde : une grande nation, en progrès constant, ne peut pas, pendant un nombre d'années indé-
fini, se laisser représenter par une étroite coterie de privilégiés. L'instruction se répand, l'industrie se développe.
Le nombre des électeurs capables et ambitieux augmente
d'année en année. La limite du cens devrait s'étendre
pour les recevoir, mais les censitaires n'en voient pas la
nécessité, ils résistent obstinément à tout partage. Ils se
fortifient dans les lieux communs qui, à l'origine, leur ont
servi d'apologie. Ils en viennent à considérer leur privilège comme une prérogative, et à croire aussi dangereux
de le communiquer à de nouveaux électeurs qu'il l'eût été

jadis de multiplier les anoblissements. De conservateurs, ils sont devenus réactionnaires. Ajoutez que ces hommes, pourtant si avisés et si sagaces, commirent une fâcheuse erreur de jugement : ils crurent aux mots, sans s'apercevoir que les choses signifiées avaient entièrement ou notablement changé. Ils crurent, et le roi fit comme eux, à la garde nationale, et furent stupéfaits lorsqu'il fallut reconnaître qu'elle n'était plus la garde nationale de 1830 et que, sous le même nom, se cachaient un autre esprit et d'autres tendances. Ils crurent au corps électoral, sans s'apercevoir que ce corps, partiellement renouvelé, ne leur restait fidèle que par habitude et qu'il était au fond influencé soit par les électeurs nouvellement admis et encore hésitants, soit par la masse d'hommes qui se pressaient aux portes du suffrage, jugeant les affaires, critiquant la gestion des privilégiés et se montrant dignes d'être compris dans le nombre des citoyens. Ces faits si graves, si féconds en conséquences et en exigences, échappèrent aux conservateurs. C'est ainsi qu'ils arrivèrent, sans avoir le sentiment d'une catastrophe prochaine, jusqu'au seuil de la Révolution de 1848, la plus imprévue et la plus inexplicable pour eux, la mieux préparée et la plus nécessaire pour les gens qui dès le principe avaient vu clairement les causes et mesuré leurs effets.

On ne peut se défendre d'une émotion grave lorsque Bardoux, après avoir raconté tant d'erreurs succédant à tant de victoires de la Bourgeoisie, rédige tristement l'épitaphe de cette classe. Pendant tout le second Empire, rien n'eût été plus naturel que d'arrêter à 1848 l'étude

sympathique de la société bourgeoise et de son gouvernement : le despotisme les avait fait amèrement regretter.
Jusque vers 1875, on put s'attendre non pas à ce que la
classe moyenne ressaisît le pouvoir : c'était impossible,
mais à ce qu'elle eût l'air de le ressaisir grâce à la restauration d'une monarchie orléaniste. Ce fut son dernier et
fragile espoir. A partir de cette date, la démocratie devint
le gouvernement régulier de la France. Elle fit voir à son
tour sa façon d'entendre les grands problèmes, de les
résoudre par la solidarité humaine, de les élever par un
sens plus ample et plus sûr de leur généralité, de leur
universalité. On dut reconnaître que tous ceux qui exerce-
raient désormais quelque autorité le feraient de plus en
plus au nom et pour les intérêts de la démocratie triom-
phante. A partir de cette époque, l'histoire de la bourgeoisie
tombe brusquement dans le passé, dans un passé presque
lointain. Son tombeau est scellé et le souvenir de sa réalité
s'efface. Quand on lit les lettres de la duchesse de Bro-
glie, on voit combien sont restreintes les causes qui main-
tiennent les hommes au pouvoir et de combien peu de
personnes elles dépendent. Comparez à cela les 10 millions
d'électeurs réunis, mêlés par le chemin de fer, le télé-
graphe, le téléphone, la poste à trois sous, le journal à
un sou, toutes choses qui n'existaient pas au lendemain
de 1830. C'est une transformation totale, dont il n'est pas
un homme qui n'ait l'intuition. Il est constant qu'une partie de la bourgeoisie a conçu le sentiment de nouveaux
devoirs. Elle s'est vouée à des œuvres telles que les habi-
tations à bon marché, la création de domiciles pour les
filles pauvres, de dispensaires pour les tuberculeux, l'en-

couragement de sociétés de secours mutuels, le crédit et les banques ouvrières, etc., etc. Elle prend sous sa direction et en partie à sa charge toutes ces tâches dont le nom seul aurait profondément surpris les hommes du régime de Juillet. D'un autre côté, il est possible qu'une autre partie de la bourgeoisie, en face de nouveaux périls, se resserre davantage, qu'elle renonce définitivement aux restes d'un libéralisme incommode, qu'elle se donne tout entière aux croyances religieuses dans lesquelles elle croit trouver le salut, qu'elle recherche surtout les doctrines par lesquelles elle peut attirer et plus ou moins duper les masses du suffrage universel. Mais en faisant cela, elle ne renaît pas dans le vieux rôle qu'on lui a connu : c'est un personnage nouveau qu'elle revêt, une peau moitié de mouton, moitié de renard qu'elle se met sur les épaules. Cette seconde partie de la bourgeoisie n'est pas digne de mémoire. Elle peut être négligée. Mais la première aurait mérité que Bardoux en parlât. Non, la bourgeoisie n'est pas morte ! Elle est vivante, au contraire, très vivante, et elle attend son historien. Bardoux, s'il avait fait cette histoire, y aurait embrassé tous les éléments divers d'une société, sciences, vie privée, amour, littérature, tout ce qui accompagne la vie publique et en prolonge les échos.

Le directeur de la Collection des grands écrivains français a été bien inspiré lorsqu'il a confié à Bardoux l'étude sur Guizot. Bardoux était naturellement disposé à admirer l'illustre, homme d'État, à lui passer certaines erreurs de jugement et certaines faiblesses.

Guizot est une force, une force toujours maîtresse d'elle-même parce qu'elle a fait elle-même la règle qui dirige

tous ses actes, maîtresse aussi des hommes de son temps,
parce que l'énergie et la précision de cette règle se font
sentir largement au dehors. Comme homme privé, il a
toujours été, pendant toutes les phases de sa vie presque
séculaire, un mari tendre, un père excellent, un ami ser-
viable, un ennemi généreux. Pas un acte douteux, pas une
faiblesse secrète ne déparent cette longue suite d'années.
L'érudit et l'historien sont de premier ordre. Quoique
plusieurs des conclusions de la *Civilisation en France* et de
la *Civilisation en Europe* aient été contestées, la somme
d'idées que ces deux grands livres ont introduite est la plus
riche contribution qui ait été apportée par un seul homme
à l'histoire des quinze derniers siècles. La façon philoso-
phique d'entendre et d'écrire cette histoire a été entièrement renouvelée. Comme homme politique, Guizot a prêté
à des critiques sur lesquelles nous reviendrons dans un
instant, mais ses partis pris sont nets, spécieux et hono-
rables. Il a persisté jusqu'à la dernière heure à croire et
à répéter au public que la classe moyenne était prédes-
tinée à gouverner un pays qui voulait que l'intelligence,
la modération, l'honnêteté eussent la conduite de ses
affaires. Ce gouvernement ne participait nullement de
l'immobilité et de la sécurité propres à l'ancien régime;
il était le résultat instable d'une lutte incessante pour la
première place, qu'il avait fallu gagner, qu'il fallait garder
par l'éloquence, par la fermeté du caractère, par la force
des raisons victorieuses chaque fois d'une minorité turbu-
lente. Heureux l'homme qui se trompe si noblement!
Guizot enfin a été, dans toute la force du terme, un orateur. Il avait l'habitude et le goût de relever les questions,

de les ennoblir en faisant dépendre leurs décisions de raisons plus hautes que l'intérêt pratique. Ainsi, son éloquence tenait moins à l'originalité de la forme qu'à la hauteur des pensées. Cette hauteur était celle qu'habitent les âmes préoccupées de questions religieuses. Ses croyances, assises sur un fond très solide, étaient d'ailleurs liées à un respect profond de la liberté d'autrui, et il faut assurément lui en savoir gré.

C'est à Bardoux que j'emprunte presque tous les jugements qui précèdent. Il possédait tous les dons qu'il fallait pour comprendre un tel homme et en parler dignement. Il a peut-être trop souvent cédé au désir très naturel de louer immodérément les mérites et de ne pas insister sur les insuffisances. Je ne puis me défaire de l'idée que c'est aux grands hommes surtout qu'on doit la justesse dans le témoignage : ils y gagnent que le jugement qu'on porte sur leurs œuvres soit plus solide, plus large, plus complet, plus véritablement respectueux. Je voudrais dire en peu de mots ce que j'aurais aimé à trouver dans ce livre composé à la gloire de Guizot.

Guizot avait une façon de comprendre l'histoire que n'auraient point désavouée les hommes du XVIIIe siècle. Il dégageait les grandes causes et descendait avec elles le cours des événements. En même temps, il rassemblait des faits, les vérifiait avec une scrupuleuse exactitude, et les groupait de manière à pouvoir y asseoir de larges inductions. Ces deux facultés, en apparence contradictoires, étaient tout le génie de Guizot appliqué à l'histoire. Il ignorait le reste, tous les autres éléments, de nature généralement concrète, qui, depuis, sont devenus des parties intégrantes de la preuve historique. Par exemple, la Réforme n'avait été pour lui qu'une émancipation de l'esprit humain. Cette définition explique tout, doit tout expliquer. Il ne voit pas que la Réforme est, avant tout, la reconnaissance d'un état moral qui consiste dans un sentiment plus aigu du péché, dans l'horrible vision des peines, dans le rachat de l'âme par un amour qui n'est pas de ce monde, dans un culte tout spirituel et intérieur. Il a écrit une vie de Cromwell où il est impossible de voir autre chose que l'histoire d'un ambitieux plein de talent, auquel Dieu n'a pas accordé la faveur de réussir dans tout ce qu'il voulait. Le puritain n'est même pas rappelé dans la conclusion ; le fanatique et le bouffon que nous montre le livre de Carlyle sont absents. On ne peut reprocher à Guizot, dont le grand effort historique date de la Restauration, de n'avoir pas découvert et mesuré l'importance de faits auprès desquels ses contemporains, à l'exception de Chateaubriand, auraient tous passé sans les recueillir. Mais, absous du reproche, il reste exposé à une juste critique, celle de n'avoir connu et expliqué qu'une moitié de l'histoire.

Cousin avait composé l'éclectisme avec des éléments empruntés aux cinq systèmes de philosophie qui avaient, depuis l'origine, occupé la pensée humaine. Il prétendait y enfermer les hommes de son temps et les hommes de tous les temps. Auguste Comte n'avait pas de moindres ambitions pour sa philosophie positive. Guizot ne raisonne pas autrement que ses deux contemporains : il croyait fermement que le gouvernement qu'il travaillait à fonder sur le privilège des classes moyennes, devait servir et suffire à nos derniers neveux. L'idée exprimée par le *devenir* n'avait pas encore fait son entrée dans le monde et les faiseurs de systèmes n'avaient pas encore mesuré la brièveté des prévisions humaines. Guizot, comme Cousin, comme Auguste Comte, devait à cette conception, étroite mais puissante, d'avoir eu une énorme influence sur son temps et de l'avoir marqué de son empreinte, mais il a eu d'autant moins de prise sur l'avenir qui est aujourd'hui le présent.

Même faiblesse, en général, dans le choix ou la hiérarchie des preuves philosophiques. Le raisonnement décisif où se complaisait Guizot, où il revenait sans cesse après avoir traversé rapidement les autres modes d'argumentation, se résume invariablement en ces mots : La solution qu'on propose est-elle celle qui met le plus sûrement du calme dans les esprits, de l'énergie dans les âmes, de la dignité dans la vie, de l'harmonie dans les rapports sociaux ? Peut-on dire qu'elle contribue mieux qu'une autre à rendre la société prospère? Ainsi se trouvent éliminées les démonstrations qui reposent simplement sur l'analyse et la comparaison des idées, sans aucune considération de leurs conséquences politiques et sociales. Lorsque Guizot a dit : Supposez abolie la croyance au surnaturel avec tout le cortège d'idées qu'elle entraîne après elle, et demandez-vous ce que deviendrait, dans le groupe humain qui aurait subi cette transformation, l'autorité des églises, le prestige d'une foi désormais sans mystère, les bases d'une morale impérative et efficace. Cette manière de raisonner, qui est pour Guizot la plus décisive et la plus irréfutable, aurait été, pour Renan ou pour Taine, la plus dénuée de valeur et de force probante qui se pût concevoir. Mais on

n'en n'était pas encore là à l'époque où l'illustre homme
d'État choisit et arrêta les formes de sa pensée.

On voit que l'unique reproche qu'on puisse faire à
Guizot est de n'avoir pas été en avance sur son temps et
de n'avoir pas pressenti le nôtre. C'est aussi pour cette
raison, Bardoux l'a très bien montré, qu'il est tombé en
1848. Il lui a échappé un jour de dire que tout ce qui se
passait en dehors de l'enceinte du Parlement ne méritait
pas qu'on en tînt compte, qu'il n'y avait là aucune réalité
politique. Un préjugé trop évident où son orgueil était
intéressé, l'empêchait de rien voir au delà des Chambres,
théâtre de ses succès prolongés. Il élevait le ton, il enflait
magnifiquement la voix pour assourdir la rumeur du
peuple qui commençait à grandir et à se faire entendre
au dehors. C'est ainsi que cet homme si intelligent, si sa-
gace, qui avait toutes les maîtrises, qui connaissait les
hommes à la fois par l'histoire et par l'expérience personnelle, a pu échouer et sombrer contre une petite question qui, sans qu'il en sût rien, devait soulever tout un
peuple.

Descendons maintenant des hauteurs où nous avaient
conduit ces grands esprits et demandons à Bardoux de
nous laisser voir les ressorts cachés qui ont mis en jeu, dans
ses ouvrages, tant de qualités rares, rançons naturelles de
quelques insuffisances. Bardoux était par excellence un
homme politique; les aptitudes philosophiques lui man-
quaient. On a souvent remarqué que les qualités du philosophe sont le contre-pied de celles de l'homme d'État.
La remarque est juste : l'insuffisance de l'un sur un point

6

correspond presque toujours à un mérite chez l'autre. En
toute question le philosophe recherche des causes, l'homme
politique recherche des solutions. Le philosophe poursuit
obstinément jusqu'au bout les causes premières. L'homme
politique s'arrête à mi-hauteur dans la région des causes
secondes. Le philosophe ne se demande pas si ces causes
premières n'ont pas perdu par la distance tout effet notable
sur les esprits et les volontés. Dès que l'homme politique
s'aperçoit que cet effet s'atténue ou cesse d'exister, il
renonce à pousser plus loin. Il arrive souvent que le philosophe redescend des hauteurs avec un langage apocalyp-
tique qui n'est compris que de ses seuls disciples. L'homme
d'État ne s'est jamais perdu derrière ces sommets d'où on
revient avec des formules mystérieuses. Il est toujours sûr
d'être compris parce qu'il parle la langue de tout le monde.
Le philosophe revenu de si loin après avoir établi un lien
entre la question pratique qui se pose et la cause invisible
qui sert à la résoudre, aura-t-il la fermeté de vue, la
sûreté de main, la rapidité dans l'exécution que lui com-
muniquerait une cause plus prochaine? Aura-t-il encore le
sens du lieu et de l'heure? L'homme politique sait bien
ce qu'il veut parce qu'il n'a jamais perdu de vue la société
et ses besoins et que c'est de là bien plus que d'un principe quelconque que procèdent ses convictions et ses actes
et c'est aussi pourquoi il est un maître dans l'art d'appré-
cier le temps, l'heure, l'occasion, en un mot, l'opportu-
nité. Le philosophe tend constamment à refaire l'unité
après l'avoir défaite. L'homme politique ne craint pas
d'associer plusieurs principes qui lui paraîtraient contradictoires s'il remontait plus haut, ou bien il en choisit un, le

plus digne d'occuper honorablement son activité, et il s'y dévoue sans vouloir considérer s'il n'y a pas un autre principe qui, dans une logique supérieure, dominerait celui-là. Personne n'est plus pénétré que lui de cette idée que ce bas monde ne se laisse pas gouverner par l'absolu : tout y est relatif et il n'y a pas de question qui puisse se résoudre indépendamment des circonstances.

Bardoux se rapprochait du type de l'homme d'État tel que nous venons de le définir. Qu'il soit à peu près indifférent aux questions philosophiques, c'est ce qui ressort suffisamment du peu de soin et de goût qu'il a mis à traiter les sujets de cet ordre toutes les fois qu'il les a rencontrés sur son chemin. Il n'a point été sensible à ce qu'il y a de tragique dans le scepticisme de Pascal. Il n'a pas pénétré bien avant dans la subtile métaphysique de Domat. Il a presque passé sous silence les *Études histo-riques* de Chateaubriand ; enfin, les *Méditations religieuses* de Guizot n'ont été mieux traitées que parce qu'il s'y trouve un élément politique et social considérable. Mais que de rares qualités compensent ces insuffisances, et comment priser assez haut la sûreté d'instinct qui l'arrête à temps dans la poursuite des causes, l'avertit qu'il est suffisamment armé et « motivé » pour aborder la région de l'application ! Comment ne pas admirer son obstination à ne pas sortir de la sphère où tout est clair pour lui et pour les autres, où l'on distingue aisément ce qui convient au milieu et au moment, où, au grand scandale du philosophe, les causes secondes, qu'un tact inné a dégagées et choisies, engendrent le projet qui servira le mieux les intérêts de l'État.

Bardoux était donc naturellement porté vers les opinions

de juste milieu. Aussi était-il un admirateur fervent de Guizot. Il renaissait sans effort dans le personnage d'un des membres de la majorité qui soutenait l'illustre homme d'État. Il retrouvait chez ses collègues de 1830, sous les divergences d'opinion, ces formes de politesse raffinée, cette haute éducation, cette familiarité avec les auteurs classiques qu'il regrettait habituellement de ne pas rencontrer dans les assemblées d'après 1875. Il prenait part en imagination à leurs luttes d'éloquence à la tribune, et il aimait à en aller chercher le contre-coup dans les salons où le ministère s'était formé, où un trait d'esprit répété à voix basse, l'ironie légère d'une femme aimable étaient comptés parmi ses plus cruels ennemis. La muse de la politique, s'il en existe une, se fait voir aujourd'hui à la fenêtre d'un cabaret ou sur le balcon d'un hôtel de ville. Elle est coutumière des idées terriblement simples et des mots horriblement emphatiques. Bardoux n'avait l'usage ni de ces lieux communs, ni des *sesquipedalia verba* qui les expriment. Sa muse pédestre excellait à traduire en langage simple des idées subtiles, suprême distinction qui n'est plus aujourd'hui que de l'impuissance. De plus, Bardoux avait gardé du royalisme de sa mère ce qu'en pouvait conserver une âme très sincèrement, très complètement républicaine. Je me rappellerai toujours ces mots qu'un démocrate très convaincu prononça les larmes aux yeux, le jour de la mort de Gambetta : nous n'avons plus personne à aimer en politique. C'est le royalisme séculaire du Français qui se trahissait involontairement par cette interjection. Le propre du monarchiste pur est le besoin d'aimer une personne, de s'attendrir et de se dévouer pour elle. Bardoux n'avait aucun attachement traditionnel au principe d'une monarchie ou au représentant d'une race. La France était devenue une démocratie républicaine, c'est-à-dire qu'elle avait perdu la foi sans laquelle aucune dynastie ne peut vivre. Bardoux était trop avisé pour ne pas le sentir. Les incertitudes et les regrets du rallié lui furent toujours inconnus. Mais il n'avait, ses œuvres en fournissent la preuve répétée, ni l'insensibilité farouche du démocrate qui regarde sans une émotion grave le rejeton d'une glorieuse suite de rois, ni l'infatuation du républicain trop convaincu qui attache à l'élection une sorte de vertu mystique. C'était un républicain fervent et sincère, mais les passions d'une démocratie envieuse lui étaient étrangères. Il aimait profondément la République; il l'aimait en historien et en homme de bon sens. Si la monarchie avait été de son temps le gouvernement de notre pays, il n'aurait sans doute pas été tenté de la renverser, j'imagine qu'il aurait simplement souhaité que la loi salique fût abrogée et que la couronne tombât en quenouille; il eût regardé avec émotion les pays comme l'Angleterre et la Hollande. Le roman honnête et pur que ces deux nations ont montré au monde à la hauteur du trône lui faisait envie.

A côté de l'homme politique, il y a le lettré, le fin connaisseur, l'artiste. Bardoux était tout cela. Toutefois il était moins écrivain qu'orateur. L'homme habitué à dominer les Assemblées a peine à se figurer que la magie de sa parole et de son regard ne le suit pas partout. Il a le sentiment instinctif et profond que cette magie est toujours là, donnant à ses écrits le même mouvement, la même couleur et le même lien qu'à ses discours. Par exemple il se permet de laisser entre deux raisons ou deux idées qui ne s'enchaînent pas naturellement une lacune, très vite et très heureusement comblée par une intonation significative, par un geste qui est compris sur-le-champ et d'un seul regard. Les images que l'orateur emploie sont presque toujours nobles, jamais vulgaires, mais souvent et à dessein un peu banales. Cette banalité leur donne prise sur tout auditoire quel qu'il soit. C'est à l'action oratoire que revient le soin de les relever par le ton, de les ennoblir par l'émotion, de leur prêter comme une apparence de nouveauté. De plus, l'orateur dispose généralement d'une immense lecture. Il y trouve un vocabulaire d'une richesse incomparable. S'il veut exprimer la moindre chose, il a quatre mots pour un dont il se sert avec art. Sa phrase, qui doit marcher et courir avec lui, est alerté, ses pensées ne se recouvrent pas en partie l'une l'autre comme il le faut pour un enchaînement solide. Leur lien logique avec les autres résulte de leur place dans le discours. L'orateur n'a jamais de ces phrases traînantes, surchargées, touffues, dans lesquelles le penseur s'embarrasse n'ayant pas le courage de trancher les fils qui attachent à l'idée principale une foule d'idées secondaires et la prolongent ainsi hors d'elle-même. Bardoux ne présentait pas toute la réalité de ce type si riche : il avait d'ailleurs de bonnes parties de l'écrivain. Toutefois, il a transporté dans le personnage d'auteur plusieurs des qualités et des défauts propres au tempérament oratoire. Ainsi s'explique ce paradoxe d'un homme très intelligent et très doué, qui pense avec justesse, compose avec art, écrit naturellement avec grâce, facilité et

légèreté et qui pourtant n'atteint pas à la maîtrise littéraire.

En second lieu, Bardoux n'avait pas l'acuité particulière
qui distingue l'esprit critique. Il lui échappe des mots
comme ceux-ci : « Pascal allait prouver *avant Molière* que
le don des larmes et celui du rire ont une secrète parenté »,
ou encore : « les *formidables* éclats de rire qui accueillirent
les Provinciales ». Si jamais écrit a été composé avec des
trésors d'indignation de nature à glacer, à faire rentrer le
rire, ce sont bien les petites Lettres. Les trois premières,
et surtout la quatrième avec le portrait charmant du
Jésuite, sont du comique le plus fin et le plus discret.
Mais Bardoux était trop avisé pour commettre souvent
de pareilles erreurs. Elles montrent seulement pourquoi
il n'a été qu'un médiocre peintre de caractères. Il ne savait
pas se déprendre de lui-même et entrer dans une manière
de sentir qui n'était pas la sienne. Il n'en faut pas moins
pour connaître d'un homme tout ce qu'on a envie d'en
savoir. En revanche, Bardoux était par excellence un
peintre de mœurs. Il ne lui arrive jamais de perdre de vue
les idées générales qui sont en jeu et en conflit dans une
société. Il fait revivre les personnages divers qui en ont
représenté les variétés ou les degrés. Du sein de sa forte
personnalité, il les embrasse tous du regard. Il se repré-
sente sans effort cette sensibilité peu profonde que sol-
licitent et mettent en action, chez la plupart des hommes,
l'échange des idées et la réciprocité des actes extérieurs.
Il n'a pas fait de portrait d'homme qui reste, mais ses
tableaux exacts, vivants d'une société, sont des modèles
qui demeureront à jamais.

Nous en avons fini avec l'homme politique, l'orateur, l'écrivain. Il nous reste seulement à rappeler les deux qualités essentielles qui ne l'ont jamais abandonné dans ces divers personnages. La rudesse et la dureté, qui sont devenues communes depuis que la démocratie a prévalu, lui étaient inconnues et l'ironie que cette rudesse a provoquée par contraste et comme une marque de distinction ne lui était pas moins étrangère. Bardoux, toujours plein de bonne grâce, de bonne humeur et de bon vouloir, n'entrait jamais dans la manière de sentir de ces hommes qui, par goût, disent tout d'un ton maussade et acerbe, dont la joie est de chercher et de trouver des mots aigus, parfois même offensants. Il n'a jamais aimé Montlosier, et il a fait en sorte qu'on ne s'en doutât point. Il n'a pas même cité l'étincelant et inoubliable portrait qu'en trace Chateaubriand. Quelle bonne fortune, pourtant, que de pouvoir offrir au lecteur un tel régal! Dans son La Fayette, ce qu'il apprécie le plus après la générosité du personnage, c'est sa parfaite mansuétude. La Fayette était un « doux ». C'est l'expression qu'emploie, à plusieurs reprises, sa femme dans ses derniers entretiens.

Bardoux était aussi incapable d'ironie que de brutalité. Au fond, cela est à sa louange : il règne encore aujourd'hui un préjugé favorable à l'ironie ; on y veut voir le signe d'un esprit supérieur qui ne se livre point, qui n'a pas moins de colères inutiles que de puérils enthousiasmes, qui a pénétré ce qu'il y a de fâcheux et de vide dans les sentiments non retenus dont on n'est pas maître, et qui s'arrange pour ne rien admirer, n'en trop vouloir à personne, en méprisant un peu tout le monde, excepté soi. Rien

n'était plus contraire à la nature de Bardoux que cette disposition à l'ironie. Son imagination, naturellement exaltée,
avait toujours quelque Baruch à vous recommander. Il
ignorait le dénigrement et la jalousie, et prenait feu rapidement, sans qu'une pensée personnelle, un retour sur soi
diminuât son ardeur. Peut-être avait-il senti que l'ironie,
qui a toujours une raison à faire valoir en faveur de ce
qu'elle ne peut approuver, et qui n'approuve rien sans
restriction, a pour conséquence d'amollir le caractère et
de rendre impossible tout jugement moral. Il n'y a plus,
à vrai dire, de bien ni de mal pour l'ironique. Un goût
délicat et compliqué remplace chez lui la raison et la conscience. Raison, conscience ne s'accommodent pas de tant
de complication; elles ont besoin de sentences plus
simples, d'arrêts plus absolus, qui fournissent un fond plus
solide et moins friable à la volonté. C'est pour cela qu'il
faut faire honneur à Bardoux de n'avoir pas apprécié l'ironie
chez ses devanciers ou chez ses contemporains, de ne l'avoir
pas recherchée pour la mettre en lumière. Que dis-je? Il
ne l'apercevait même pas, entraîné par une passion qui,
de la hauteur où elle le transportait, ne lui laissait pas dis-
tinguer les mille petits traits subtils et compliqués qui
venaient tomber à ses pieds.

Que si des hauteurs où s'est élevé Bardoux comme
homme d'État, comme orateur et aussi comme écrivain,
nous redescendons à l'homme lui-même, un charme suc-
cédera au prestige. Bardoux était d'un naturel simple,
franc et cordial; sa personne physique commençait la
conquête. Il n'était pas de grande taille, mais la fermeté
de son attitude et de son allure indiquait l'homme bien

possédé de son idée. Sa voix claire et musicale avait des
ressources d'une variété presque infinie : elle se promenait
sur une échelle de sons très étendue ; elle était vibrante,
mais jamais plus que quand un rire contenu servait d'ac-
compagnement au son principal. Le rire lui était moins
habituel que le sourire. Son front, que dégageaient ses
cheveux jetés en arrière, ses yeux clairs, gais et lumineux,
achevaient la physionomie de l'orateur tel que nous
l'avons vu mainte fois à la tribune. Il avait, en vous ren-
contrant, un air joyeux et pénétré, et sa façon de vous
prendre la main dans les deux siennes et de la serrer sur
sa poitrine en inclinant la tête est un trait qu'aucun de
ceux qui l'ont connu n'oubliera. Il avait plus de verve
continue que de saillies ; il était plus remarquable par une
agréable finesse que par l'esprit de mot. A un dîner dont
nous faisions partie lui et moi, je me rappelle qu'il se
laissa aller à peindre la classe bourgeoise, et aussi les circonstances qui décidèrent de sa chute en 1848. Scherer,
qui ne passait pas pour un juge indulgent, fut émerveillé
de cette sortie d'éloquence. Bardoux travaillait alors à la
Bourgeoisie française, et il en était à la lune de miel avec
son sujet. — Il était doux et traitable. Sa courtoisie était
parfaite ; son affabilité était constante. On lui a reproché
d'avoir fait beaucoup de promesses qu'il n'avait pas l'in-
tention de tenir. La critique est aisée ; elle est en outre
parfaitement injuste. Comment sait-on que des promesses
ont été faites, si ce n'est par les solliciteurs ; et peut-on
ignorer que quand le ministre leur a dit : « Je ferai mon
possible, je profiterai de la première occasion, je con-
nais la valeur de vos titres », ils s'en vont répétant : « J'ai des

titres qui ne sont pas discutables, le ministre l'a reconnu. Il m'a dit : La première vacance sera pour vous, vous pouvez considérer la chose comme faite. » L'on conçoit bien l'irritation de ce quémandeur si bien accueilli lorsqu'il ne voit rien venir, ou que quelque autre est nommé à la place convoitée. Cette aménité dans les formes ne faisait que traduire le désir constant que Bardoux avait de rendre service. On pouvait toujours lui faire appel, avec la certitude de le trouver prêt à toute besogne. La principale était de faire des discours et, à cela, il ne se refusait jamais. Sans avoir l'incomparable variété de ton qui a distingué notre Jules Simon, il déployait en ces sortes d'occasions une richesse d'invention et des qualités d'à-propos qui étaient bien venues de la jeunesse de nos écoles. Il a été surtout un incomparable ami pour les hommes d'un âge plus mûr, dans les crises douloureuses que la fortune ou leur propre faiblesse leur ont fait traverser. Nous savons par des confidences que nous ne trahirons pas autrement que par cet aveu, quel secours, quelle consolation, quelle force il apportait dans ces heures de défaillance, et nous mesurons aisément sa part dans l'acte courageux et viril qui leur a plus d'une fois succédé. Comme Pauline de Beaumont, il a été regretté du fond de l'âme, et c'est avec une émotion pieuse que nous joignons à ces regrets d'une qualité si rare, le témoignage de notre affection, de notre respect.

Paris. · Typ. de Firmin-Didot et Cᵉ, imp. de l'Institut rue Jacob, 56. — 11071.